Sports Illustrated KIDS

CAR RACING RECORDS SMASHED!

by Brendan Flynn

CAPSTONE PRESS
a capstone imprint

Published by Capstone Press, an imprint of Capstone
1710 Roe Crest Drive, North Mankato, Minnesota 56003
capstonepub.com

Library of Congress Cataloging-in-Publication Data
Names: Flynn, Brendan, author.
Title: Car racing records smashed! / by Brendan Flynn.
Description: North Mankato, Minnesota : Capstone Press, [2024] | Series: Sports illustrated kids. Record smashers | Includes bibliographical references and index. | Audience: Ages 9–11 | Audience: Grades 4–6 | Summary: "In car racing, more is better—more speed, more races, and more wins. In 2019, Brittany Force smashed Tony Schumacher's record for the fastest speed in a dragster. And Hendrick Motorsports has more NASCAR wins than any other team. In this Sports Illustrated Kids book, young readers can track these exciting moments and other record-breaking achievements in car racing. Fast-paced and fact-filled, this collection of record smashers will delight sports fans with thrilling car-racing feats"—Provided by publisher.
Identifiers: LCCN 2023000021 (print) | LCCN 2023000022 (ebook) |
ISBN 9781669049999 (hardcover) | ISBN 9781669049951 (pdf) |
ISBN 9781669049975 (kindle edition) | ISBN 9781669049982 (epub)
Subjects: LCSH: Automobile racing—Records—Juvenile literature. | Automobile racing History—Juvenile literature.
Classification: LCC GV1030 .F59 2024 (print) | LCC GV1030 (ebook) | DDC 796.72—dc23/eng/20230112
LC record available at https://lccn.loc.gov/2023000021
LC ebook record available at https://lccn.loc.gov/2023000022

Editorial Credits
Editor: Ericka Smith; Designer: Terri Poburka; Media Researcher: Svetlana Zhurkin; Production Specialist: Katy LaVigne

Image Credits
Associated Press: Icon Sportswire/Brian Spurlock, cover (front); Getty Images: Allsport/Jon Ferrey, 19, Andy Lyons, 14, 16, 17, Brian Lawdermilk, 28, David Taylor, 18, Icon Sportswire/Jeff Speer, 6, Icon Sportswire/Michael Allio, 7, Jamie Squire, 23, Jared C. Tilton, 20, Justin Casterline, 5, Maddie Meyer, 29, Mark Thompson, 11, NASCAR/Matthew Stockman, 25, Paul Thompson, 4, Pool/Rafael Marchante, 12, Pool/Sena Goulao, 13, Robert Laberge, 27, Sports Illustrated/Fred Vuich, 15, Todd Warshaw, 24; Newscom: Zuma Press/Orange County Register/Will Lester, 8–9; Shutterstock: action sports, 21, Bruce Alan Bennett, 26, cristiano barni, 10, Grindstone Media Group, 22, Image Craft, cover (back), krissikunterbunt (fireworks), cover and throughout, pixssa (cracked background), 1 and throughout

Printed and bound in the USA. 5425

Words in **bold** are in the glossary.

START YOUR ENGINES!

People have been racing cars since they were invented. Today's drivers push their cars to the limit. Who's the fastest? Who's won the most races? Read on to learn about some amazing records in car racing.

FACT

The first car race in the United States was held in 1895. The winner averaged about 7 miles (11.3 kilometers) per hour!

A car race in Indianapolis in 1910

Express
CAMRY
GILLILAND
CONSTRUCTION
38
HEZEMANS
SHERFICK
JONES
FOCUS factor
43

FLYING FORCE

Brittany Force is a professional drag racer. **Dragsters** are some of the fastest cars around. Force showed just how fast during a 2019 race. That year, she competed in a 1,000-foot (305-meter) race in Las Vegas.

Force (front) during a 2014 race

FACT

Force's dad and two sisters are professional drag racers too.

When the race began, Force punched the gas pedal. Her car zoomed the 1,000 feet in just 3.659 seconds! When it crossed the finish line, it was traveling 338.17 miles (544.23 kilometers) per hour.

No one had ever driven a dragster that fast. She smashed Tony Schumacher's record by almost 2 mph (3.2 kmph). In 2022, Force broke her own record. She traveled 338.43 mph (544.65 kmph) in a race.

Force (right) setting a speed record in 2019

HAMILTON'S RISE

Lewis Hamilton is a racing **legend**. He grew up in England, where Formula 1 racing is popular. The cars have open wheels. They sit low. And they're really fast!

In 2007, Hamilton won his first Formula 1 race. And he just kept on winning.

Hamilton after his first Formula 1 win

FACT

When he was young, Hamilton's favorite driver was Ayrton Senna of Brazil.

In 2020, Hamilton won a race in Portugal. It was his 92nd win. He smashed the record for Formula 1 victories. Michael Schumacher held the old record of 91 wins.

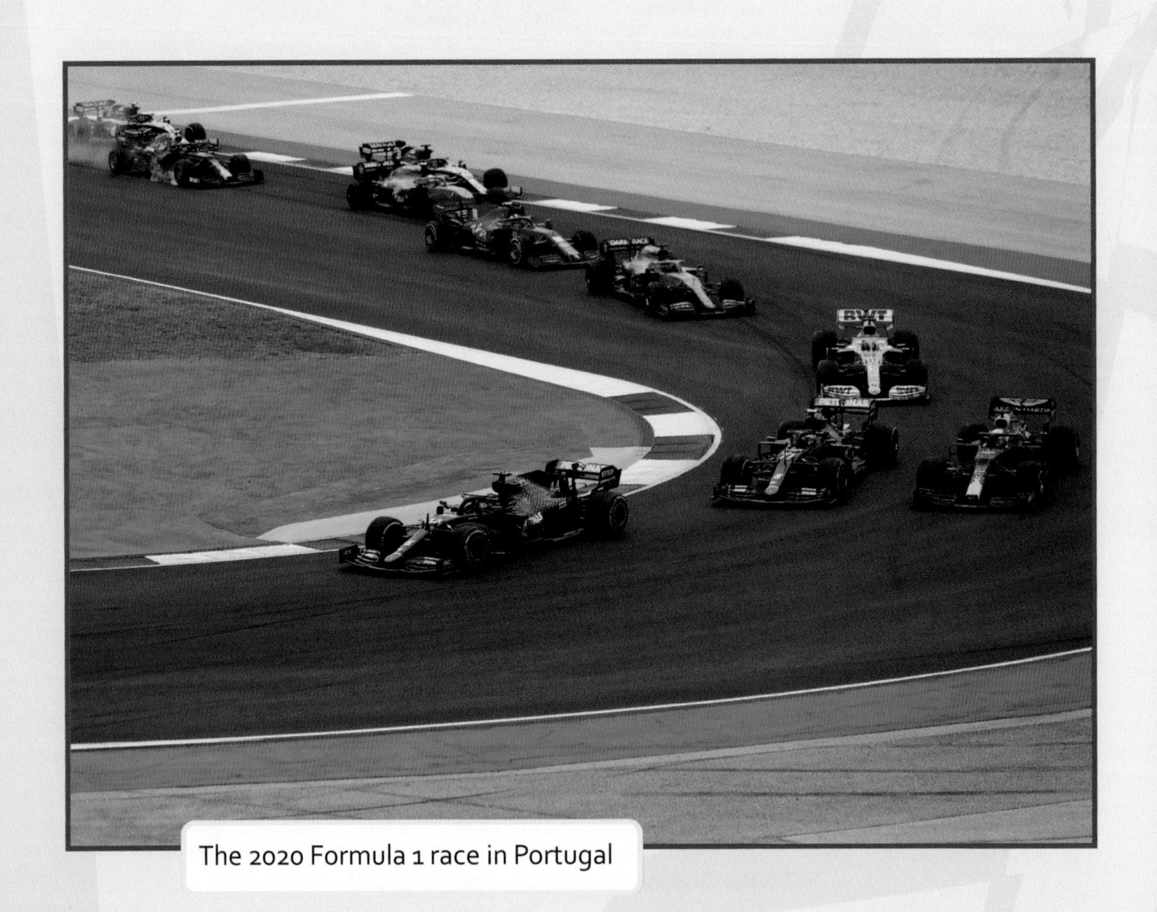

The 2020 Formula 1 race in Portugal

Hamilton celebrating his 92nd win

INDY ACTION

On May 30, 2021, Helio Castroneves lined up for the Indianapolis 500. Little did he know he would smash a major racing record that day.

The 2021 Indianapolis 500

Castroneves crossing the finish line to win the 2021 Indianapolis 500

Late in the race, Castroneves moved into first place. After 200 laps, he zipped across the finish line. He had won the Indianapolis 500—for the fourth time!

But Castroneves's win wasn't his greatest achievement that day. He set a new record for speed. Castroneves averaged 190.69 mph (306.89 kmph) during the race. He beat the old record by more than 3 mph (4.8 kmph).

FACT

Castroneves is a champion on his feet too. He won *Dancing with the Stars* in 2007.

BorgWarner
HRX
HONDA
AutoNation
06
CASTRONEVES
NTT
INDYCAR SERIES
SiriusXM
AutoNation

IRON MAN

Jeff Gordon was a NASCAR superstar. He was also one of its most **reliable** drivers. Gordon's first race at the top level of NASCAR was in 1992. And for the next 23 seasons, Gordon competed in every NASCAR race.

Gordon (24) leading the lineup before a 2001 NASCAR race

When Gordon retired in 2015, he had started a record 797 straight races! The old record was 788 races. Ricky Rudd had set it 10 years earlier.

Gordon had a few close calls that could have broken his streak. In 2014, he fought through an injured back to keep racing. That **determination** paid off when he broke Rudd's record.

Gordon (right) racing in 2015

KID CHAMPION

Trevor Bayne turned 20 years old on February 19, 2011. The next day, he entered his first Daytona 500.

Bayne lined up against the top drivers in NASCAR. The **rookie** didn't expect to win. But with just a few laps to go, he took the lead.

The 2011 Daytona 500 lineup

Bayne expected the other drivers to pass him. But he held on and won the race!

When Bayne won, he became the youngest driver to win the Daytona 500. Jeff Gordon held the old record. He was 25 when he won in 1997.

Bayne (21) crossing the finish line during the 2011 Daytona 500

Bayne celebrating his 2011 Daytona 500 win

FACT

The oldest Daytona 500 winner is Bobby Allison. He was 50 years old when he won the race in 1988.

TEAM SUCCESS

Race car drivers are alone in the **cockpit**. But a team helps them win races. Mechanics keep the cars in good shape. And the pit crew changes tires and refuels cars during races.

A pit crew at work during a 2016 NASCAR race

Hendrick Motorsports is the best team in NASCAR history. They've been racing cars since 1984.

Members of the Hendrick team after a 2018 race

In 2021, Hendrick driver Kyle Larson won a race in North Carolina. That was the team's 269th victory. That win smashed the record for the most NASCAR wins. Petty Enterprises had held the old record since 1960. After topping a 61-year-old record, Hendrick Motorsports won even more races. Beating them won't be easy!

Larson in the lead during a 2021 NASCAR race in North Carolina

Larson and team owner Rick Hendrick celebrate the team's 269th win.

GLOSSARY

cockpit (KOK-pit)—the place where a driver sits in a race car

determination (dih-tuhr-muh-NAY-shuhn)—sticking to a purpose

dragster (DRAG-stuhr)—a car built to drive very fast in a straight line

legend (LEJ-uhnd)—someone who is among the best in what they do

reliable (ri-LYE-uh-buhl)—trustworthy or dependable

rookie (RUK-ee)—a player who is playing their first year in a sport

READ MORE

Cain, Harold P. *Lewis Hamilton: Auto Racing Star.* Lake Elmo, MN: Focus Readers, 2023.

Flynn, Brendan. *Basketball Records Smashed!* North Mankato, MN: Capstone, 2024.

Rule, Heather. *Ultimate NASCAR Road Trip.* Minneapolis: ABDO, 2019.

INTERNET SITES

Britannica Kids: Automobile Racing
kids.britannica.com/kids/article/automobile-racing/442824

Formula 1
formula1.com

NASCAR
nascar.com

INDEX

ABOUT THE AUTHOR

Brendan Flynn is a San Francisco resident and an author of numerous children's books. In addition to writing about sports, Flynn also enjoys competing in triathlons, Scrabble tournaments, and chili cook-offs.

Algunos juguetes usan luces y sonidos y otros tipos de tecnologías. ¡Hacen que los juguetes sean más divertidos!

Los bultos de estos zapatos de fútbol hacen que correr sea más seguro. Impiden que te resbales en el césped.

La tecnología y el medio ambiente

El medio ambiente es todo lo que nos rodea. Es importante que todos lo **protejamos**. La tecnología puede ayudarnos.

Protegemos el medio ambiente al mantenerlo limpio. Así, la gente, los animales y las plantas pueden mantenerse sanos también.

Dañamos el medio ambiente cuando tiramos cosas. Esto causa **contaminación**.

Puedes ayudar a cuidar el medio ambiente al tomar agua de botellas **reusables**. No son tiradas a la basura.

Automóviles

Los automóviles son otro tipo de tecnología. Hacen la vida más fácil. Usamos automóviles para ir de un lugar a otro. Los automóviles también nos ayudan a viajar largas distancias.

Muchas familias usan automóviles para comprar más fácilmente. ¿De qué otras maneras la gente usa los automóviles?

Los automóviles son útiles, pero pueden dañar el medio ambiente.

Para moverse, los automóviles contaminan el aire.

Transportarse

¿Cómo podemos proteger al medio ambiente de la contaminación de los automóviles? Caminar o montar en bicicleta ayudan a mantener la Tierra sana. ¡El ejercicio también te mantiene sano a ti!

Una bicicleta es un tipo de tecnología hecha para divertirse. Las bicicletas también son buenas para el medio ambiente.

También puedes ayudar al medio ambiente si compartes un viaje en automóvil con tus amigos. Así, ¡habrá sólo un automóvil en la calle en lugar de dos o tres!

Baterías

Una batería es un tipo de tecnología que da **energía**. Las baterías permiten que otro tipo de tecnologías funcionen. ¿Cuándo usas baterías?

Algunos juguetes necesitan baterías para funcionar. Este automóvil usa baterías para moverse.

Las linternas necesitan baterías para encenderse. Nos ayudan a ver en la oscuridad.

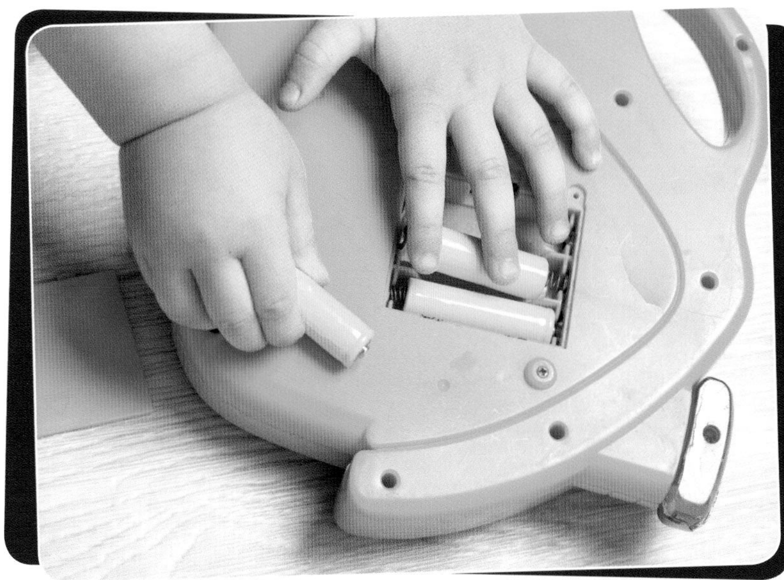

Muchas baterías no duran para siempre. ¿Qué haces con las baterías viejas?

Baterías viejas

Las baterías tienen **materiales** que contaminan el medio ambiente. Eso significa que nunca debemos tirar baterías en la basura.

Deberías **reciclar** la mayoría de las baterías. Así, el material que tienen dentro ya no podrá dañar el medio ambiente.

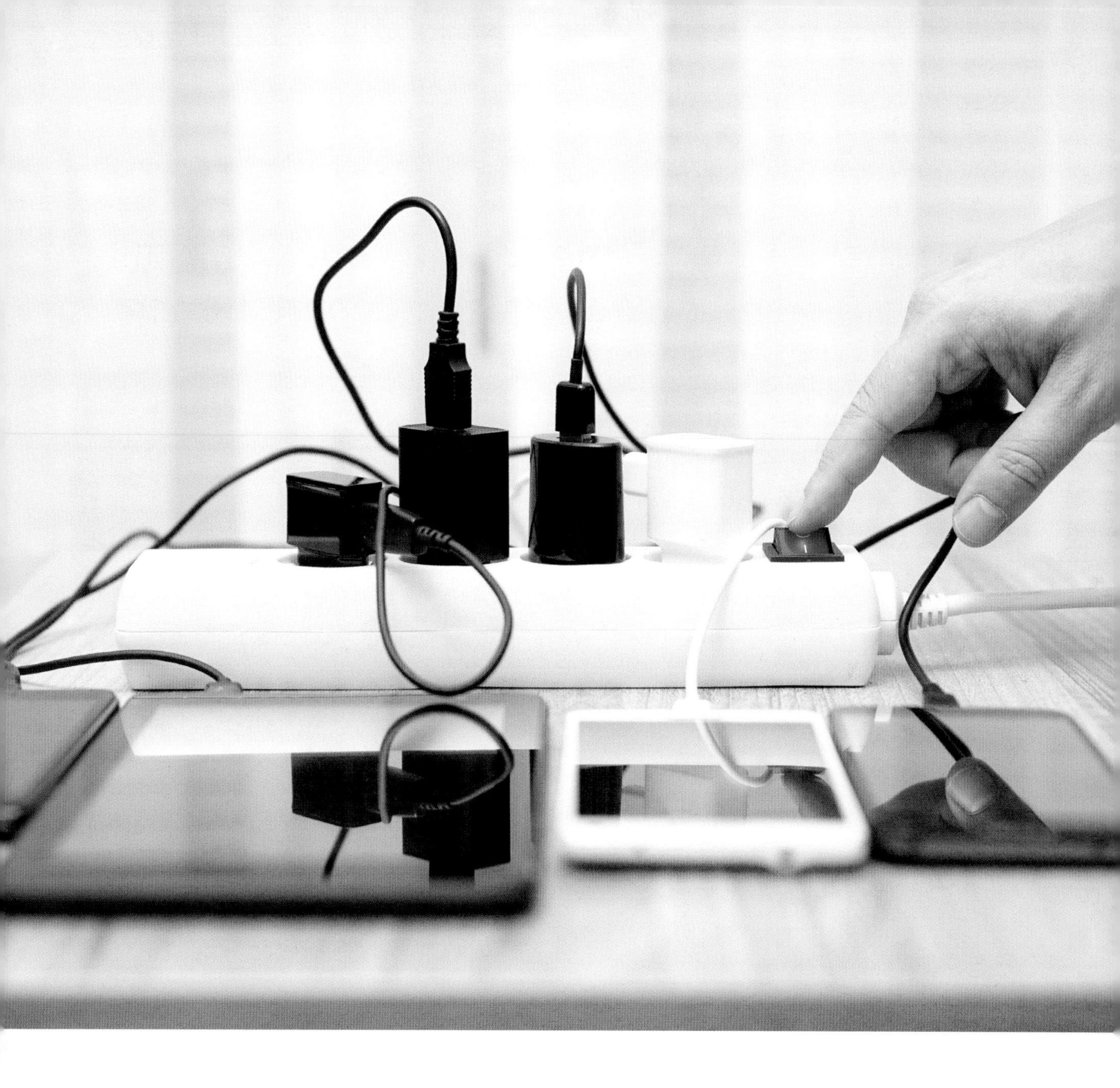

Algunas baterías pueden ser **recargadas**. Los teléfonos celulares y las tabletas usan baterías como estas. Duran mucho más.

Tiempo en pantalla

Televisores, computadores y videojuegos son ejemplos de tecnologías que usamos para divertirnos. Pero pasar demasiado tiempo usando estas tecnologías puede ser un problema.

El «tiempo en pantalla» es el tiempo que pasamos usando tecnologías con pantallas. ¿Cuánto tiempo en pantalla pasas cada día?

Normalmente, la gente se sienta en un mismo lugar durante el tiempo en pantalla. Cuando nos sentamos frente a una pantalla, no estamos activos. Estar activo es moverse.

Tecnologías divertidas

Hay muchos tipos de tecnologías divertidas que no tienen pantallas. Nos ayudan a estar activos y pasar tiempo con familiares y amigos.

Es importante que no pasemos demasiado tiempo en pantalla. La gente necesita mantenerse activa para estar saludable.

Algunos tipos de tecnologías nos pueden ayudar a aprender un nuevo pasatiempo.

¡La tecnología nos puede ayudar a jugar con amigos o familiares!

Nuevas tecnologías

La gente trabaja duro para hacer nuevas tecnologías que sean menos dañinas para el medio ambiente. También piensan en nuevas maneras para usar viejas tecnologías.

Los automóviles eléctricos no contaminan el aire.

La gente ha creado inodoros, grifos y duchas que ahorran agua.

La gente ha encontrado maneras de reusar desechos de tecnologías viejas, como de computadores. Esos desechos ayudan a hacer nuevas tecnologías. Reusar cosas significa que no se convertirán en basura.

Palabras nuevas

contaminación: sustantivo. Algo que ensucia otras cosas, como al aire.

energía: sustantivo. Lo que hace que las cosas puedan funcionar, crecer y moverse.

materiales: sustantivo. Cosas que se usan para hacer otras cosas, por ejemplo, madera para hacer una mesa.

protejamos: verbo. Que evitemos dañar algo.

recargadas: verbo. Cargadas de nuevo con electricidad.

reciclar: verbo. Hacer algo nuevo de algo usado.

reusables: adjetivo. Que pueden ser usadas una y otra vez.

Un sustantivo es una persona, lugar o cosa.

Un verbo es una palabra que describe una acción que hace alguien o algo.

Un adjetivo es una palabra que te dice cómo es alguien o algo.

Índice analítico

Sobre la autora

Cynthia O'Brien ha escrito muchos libros para jóvenes lectores. Es divertido ayudar en la creación de una tecnología como el libro. Los libros pueden estar llenos de historias. También te enseñan acerca del mundo que te rodea, incluyendo otras tecnologías, como los robots.

Para explorar y aprender más, ingresa el código de abajo en el sitio de Crabtree Plus.

www.crabtreeplus.com/fullsteamahead

Tu código es:
fsa20

(página en inglés)

Notas de STEAM para educadores

¡Conocimiento a tope! es una serie de alfabetización que ayuda a los lectores a desarrollar su vocabulario, fluidez y comprensión al tiempo que aprenden ideas importantes sobre las materias de STEAM. *Usemos la tecnología sabiamente* ayuda a los lectores a identificar la idea principal del libro y dar ejemplos de tecnologías usadas sabiamente que respaldan la idea principal. La actividad STEAM de abajo ayuda a los lectores a expandir las ideas del libro para el desarrollo de habilidades tecnológicas y de ingeniería.

La tecnología y yo

Los niños lograrán:

- Entender lo que es el tiempo en pantalla.
- Intercambiar ideas sobre problemas causados por un tiempo excesivo en pantalla y hacer una lluvia de ideas sobre maneras de reemplazarlo con otras actividades.
- Crear carteles que usen imágenes para promover actividades libres de pantallas.

Materiales

- Cartel «Diversión libre de pantallas».
- Crayones o lápices de colores.
- Hoja de trabajo «Reto de tiempo en pantalla».

Guía de estímulos

Después de leer *Usemos la tecnología sabiamente*, pregunta a los niños:

- ¿Qué ejemplos de tecnologías encontraron en este libro? ¿Cómo nos ayuda cada una? ¿Cuáles son algunos tipos de problemas causados por cada tipo de tecnología?

Actividades de estímulo

Escribe las siguientes palabras en la pizarra:

- Televisor
- Videojuegos
- Computadores y tabletas

Pregunta a los niños cuánto tiempo creen que pasan cada día usando cada uno de estos tipos de tecnologías. Explica que a ese tiempo se le llama «tiempo en pantalla» y que algunas personas piensan que pasar demasiado tiempo en pantalla puede ser dañino.

Pide a los niños que piensen sobre los problemas que pueden ser causados al pasar demasiado tiempo en pantalla y lo hablen con un compañero. Repasa las páginas 16 a 19, ayudando a los estudiantes a notar que cuando están enfrente de una pantalla no están activos o probando cosas nuevas o pasando tiempo con amigos y familiares.

Entrégales el cartel «Diversión libre de pantallas». Pide a cada niño que haga un cartel de seis actividades libres de pantallas que ya realicen o que quisieran probar. Muestra los carteles finales en el aula. Haz un pase de galería para que los niños anoten sus ideas favoritas de los carteles.

Extensiones

Pide a los niños que formen parte del «Reto de tiempo en pantalla». Entrégales las hojas de trabajo y diles que en los siguientes tres días deberán buscar seis oportunidades de cambiar tiempo en pantalla por otra actividad. Hablen al respecto después.

Para ver y descargar las hojas de trabajo, visita **www.crabtreebooks.com/resources/printables** o **www.crabtreeplus.com/fullsteamahead** (páginas en inglés) e ingresa el código **fsa20**.